VIE

DE

SAINT JULIEN

MARTYR.

TOULOUSE

IMPRIMERIE TROYES OUVRIERS RÉUNIS
Rue Saint-Pantaléon, 3.

—

1861.

VIE

DE SAINT JULIEN

MARTYR.

CHAPITRE PREMIER.

Vienne à la naissance de saint Julien.

C'est à Vienne, en Dauphiné, que saint Julien vint au monde, sur la fin du IIIe siècle. Cette ville était alors une des plus importantes de la Gaule Romaine, elle avait mérité de devenir la métropole de la Narbonnaise, et d'avoir des consuls ; les relations qu'elle entretenait avec l'empire, la célébrité de ses écoles, la firent remarquer du Chef de l'église qui y envoya des missionnaires, et cette cité devint ainsi le siége d'une mission florissante. Sur la fin du IIe siècle, sous le règne de Marc-Aurèle, cent ans à peu près avant la naissance de saint Julien, la foi chrétienne avait fait de si grands progrès dans Vienne, que pour en arrêter la marche, cet empereur philosophe, signa contre les chrétiens un édit de persécution. Eusèbe nous a donné le texte des doléances que les chrétiens persécutés de Vienne, adressèrent à leurs coreligionnaires d'Asie; nous en citerons quelques extraits pour faire comprendre la violence de ces persécutions.

Les serviteurs de Jésus-Christ qui habitent Vienne, à leurs frères d'Asie et de Phrygie, paix et gloire de Dieu le père.

« Rien n'est capable d'exprimer et de faire comprendre la grandeur des maux qui nous affligent, ainsi que la haine immense que les Gentils portent au nom chrétien. Les tourments les plus cruels que la rage la plus féconde peut inventer sont accumulés contre nous : on nous poursuit de huées épouvantables, on nous charge de coups, on déchire nos membres, on brise violemment nos chairs, on nous écrase de pierres, on nous jette dans les cachots; pour tout dire, supposez une multitude sauvage s'acharnant avec fureur contre des ennemis cruels, et vous vous ferez une idée des sévices inouïs que nous endurons. »

Ces quelques mots du savant historien suffisent pour nous donner une idée de l'état violent où se trouvait l'église de Vienne, surtout si nous ajoutons que les rigueurs exercées par Marc-Aurèle, d'autres empereurs les exercèrent à leur tour; en sorte que les persécutions succédant aux persécutions, cette église désolée était sans cesse sous la main du bourreau. Et ce qu'il y a de remarquable ici, c'est que cette mission naissante trouva dans ces violences mêmes, comme un germe de fécondité. Le sang que l'on répandait à flots devait, d'après les calculs de la sagesse humaine, anéantir tout vestige de religion; mais Dieu qui se rit des vains projets des méchants, faisait servir au triomphe de l'église ce qui devait en assurer la ruine.

Ces quelques détails sur l'église de Vienne destinée par Dieu à devenir le berceau de saint Julien, ne sont pas indifférents. Rien n'est à dédaigner dans la vie d'un saint. Ce n'est pas sans motifs, bien souvent, que le berceau d'un saint est placé dans tel ou tel siècle, dans telle ou telle ville, sur tel ou tel théâtre. En plaçant saint Julien au foyer même des persécutions, qui pourrait dire que Dieu n'a pas eu le dessein secret de lui inspirer les ardeurs du martyre? Rien n'agrandit autant notre âme que le spectacle des grandes vertus ; or, dans les temps où vivait saint Julien, c'était une chose bien admirable et bien belle que de voir une infinité de chrétiens de tout âge et de tout sexe, de tout rang et de toute condition, prodiguer leur vie et leur sang pour Jésus-Christ. Nécessairement, au contact de tant d'héroïsme, une émulation des plus louables devait s'emparer des cœurs; aussi voyons-nous saint Julien, aidé de la grâce de Dieu, nourrir, pour le martyre, une de ces ardeurs qui étonnent ; mais n'anticipons pas sur la vie du bienheureux, et avant de parler de son martyre qui fut la récompense et le couronnement de sa belle vie, disons quelques mots de sa naissance.

CHAPITRE II.

Naissance de saint Julien.

Saint Julien vint au monde de parents riches et distingués: l'histoire nous laisse ignorer si les parents de saint Julien étaient chrétiens, mais tout nous porte à croire qu'ils l'étaient. Nous ne trouvons pas dans la vie de saint Julien qu'il se soit converti, c'est-à-dire qu'il ait quitté l'idolâtrie pour embrasser la vraie foi, preuve qu'il eut le bonheur d'appartenir à des parents chrétiens, à des parents fervents tels qu'en possédait la ville de Vienne, et qui, dès l'âge le plus tendre, durent nourrir l'âme de leur enfant de la belle doctrine de l'Evangile et des beaux exemples de piété alors si communs. Quand saint Julien quitta la maison paternelle pour se faire soldat, saint Julien était parfait chrétien, il était arrivé déjà à cette maturité de la vie chrétienne qui ne s'acquiert que par l'exercice constant de toutes les vertus;

or, cela suppose que dès l'âge le plus tendre il fut instruit à aimer Dieu. De même qu'il y a un progrès dans la nature, de même on remarque un progrès dans la vie spirituelle du chrétien. Ce n'est pas tout d'un coup qu'un fruit arrive à sa maturité, il n'arrive à être mûr qu'à force de temps; il en est de même des âmes, dans le champ mystique de l'église. Personne n'arrive tout d'un coup à cette plénitude de la vie chrétienne dont Jésus-Christ nous offre un parfait modèle. Ce n'est que graduellement que se bâtit ce que saint Paul appelle l'édifice de notre salut.

C'est donc dans la maison paternelle que saint Julien dut faire l'apprentissage de toutes les vertus ; c'est dans l'exemple d'un père, dans les sages avis d'une mère que saint Julien dut puiser ce zèle ardent de son salut, qui ne lui fit rien négliger de tout ce qui pouvait l'aider à se sanctifier. Oh ! qu'elles sont heureuses les familles qui forment ainsi des saints ! Qu'elle sera belle au ciel la couronne d'une mère, qui nuit et jour aura prié pour son enfant et se sera efforcée de tourner vers Dieu toutes ses affections naissantes ! Qu'elle sera belle encore la récompense d'un père qui n'aura donné que de bons exemples à ses enfants, et qui aura réussi, par l'attrait toujours si séduisant des vertus domestiques, à former un autre Jésus dans des cœurs innocents et purs ! Oh ! pourquoi tous les parents ne font-ils pas ainsi !

CHAPITRE III.

Portrait de saint Julien. Comment il s'est fait connaître.

Saint Julien fut doué par la nature de tous ces avantages extérieurs, que le monde estime tant. Après sa mort il se manifesta à plusieurs personnes qu'il guérit : on nous pardonnera de citer une de ces circonstances miraculeuses qui tout en nous révélant la personne du saint, nous édifieront aussi sur la puissance de son intercession.

Au rapport de saint Grégoire, ce fut

à une paralytique qu'il se révéla tout d'abord. Cette femme, privée depuis dix-huit ans de l'usage de tous ses membres, avait été portée par les siens à la basilique de Saint-Julien ; et, parce qu'elle était pauvre, elle avait été déposée par eux sous le portique de l'église, afin d'y solliciter les prières et les aumônes des fidèles. Une nuit de dimanche, tandis que les fidèles, réunis à l'église y récitaient l'office de nuit, selon l'usage de ce temps, la pauvre paralytique étendue sous le portique se laissa aller au sommeil. Et durant son sommeil, voilà qu'elle voit se présenter à ses yeux, un jeune homme d'une grande beauté : il était grand, ses cheveux étaient blonds, le sourire était sur ses lèvres, le son de sa voix respirait une distinction et une bonté angélique, son corps, tel qu'un beau lis, était éblouissant de blancheur. Tandis que les yeux étonnés de la paralytique considéraient ce jeune homme avec surprise et respect, voilà que la reprenant doucement, il lui dit : « Pourquoi, tandis que
» le peuple veille et prie dans le temple,

» demeurez-vous ici ?» A cette demande, la paralytique s'empresse de répondre qu'étant faible et ne pouvant mettre un pied devant l'autre, elle était obligée de rester à l'endroit où on l'avait mise. Elle n'avait pas fini de parler, qu'elle se sentit soulevée de terre et portée au tombeau du saint. Et comme elle y priait avec ardeur, il lui sembla qu'une multitude de chaînes se détachaient de ses membres; le bruit qu'elles font en tombant la réveille. Elle porte aussitôt ses yeux de côté et d'autre, mais le jeune homme avait disparu; elle se trouve encore à la même place, sous le portique, mais elle n'avait plus aucun mal, elle était guérie ; une nouvelle vie courait dans ses veines, et ses membres auparavant raidis par la maladie, avaient repris leur souplesse accoutumée. Elle se lève pleine de joie, elle peut marcher, elle entre dans l'église, elle traverse la foule des assistants que ce miracle étonne, et des cris de joie et d'admiration s'échappent de toutes les lèvres et de tous les cœurs.

Saint Grégoire en rapportant cette vision, n'hésite pas à dire, que ce fut bien saint Julien qui apparut à cette femme.

CHAPITRE IV.

De la jeunesse édifiante de saint Julien.

Les premières années de la jeunesse de saint Julien nous sont peu connues, mais nous en savons assez pour assurer que sa jeunesse fut pleine d'édification, et qu'elle fut selon le cœur de Dieu. Qu'aime à trouver le Seigneur dans le cœur de la jeunesse? Il aime à y trouver par-dessus toutes choses, cette aimable vertu qui nous élève au-dessus de nous-mêmes, et nous rend les égaux des anges, la sainte vertu de pureté.

Rien de beau comme le cœur d'un jeune homme pur. Il me semble que toutes les beautés s'effacent devant cette suprême beauté d'un jeune cœur pur. Dieu a tellement aimé cette vertu, qu'il n'a voulu avoir pour mère que la plus pure de toutes les vierges, l'incompara-ble Marie, comme il n'a voulu pour ami que le plus pur de tous les hommes, l'incomparable Saint Jean. Dieu se plaît à enrichir de tous ses bienfaits ceux qui possèdent cette vertu ; jugeons par là de ce que fut le cœur de saint Julien, lui qui n'était pas seulement pur, mais qui, au rapport de saint Grégoire, était orné de cette vertu d'une façon extraordinaire. Quelle louange pour saint Julien d'avoir été si pur ; mais aussi quelle leçon pour la jeunesse chrétienne de nos jours! Aujourd'hui, et tout le monde le dit, la jeunesse n'est pas assez jalouse de conserver intacte cette aimable vertu qui, seule cependant, la couvrirait de grandeur et de dignité ; aussi, que de désordres dans le monde. Nous aimons la jeunesse chrétienne; nous savons qu'elle est particulièrement aimée du cœur de Jésus, et à cause de cela, nous lui recommanderons de se rappeler bien souvent le bel exemple qui lui est donné par saint Julien. Saint Julien vivait dans des temps difficiles, et malgré des dangers de toutes sortes, il sut demeurer fidèle à Dieu. Le monde lui offrit mille séductions, mais son cœur fut plus fort que la tentation; il sentit aussi dans son cœur le premier feu des passions naissantes, mais il sut toujours leur résister. Tandis que la jeunesse use d'ordinaire au service du monde et du démon ces trésors d'activité qui sont l'apanage de son âge, saint Julien se servit de cette énergie de la première jeunesse pour se rendre agréable à Dieu; il savait qu'il ne faut pas attendre pour servir Dieu que les glaces de la vieillesse aient éteint nos forces. Outre qu'une pareille pensée serait injurieuse à Dieu, il ne faut pas beaucoup de réflexion pour se convaincre qu'on ne peut guère espérer de servir Dieu à la fin de ses jours si on ne l'a fait dans sa jeunesse; on ne peut se flatter de rompre facilement avec des habitudes qui ont pris racine dans notre cœur. C'est là un fait d'expérience confirmé par la sagesse du Saint-Esprit, qui nous assure que le jeune homme ne quittera pas dans sa vieillesse les habitudes de sa vie; il poursuivra toujours la même voie et ne saura s'en écarter. Dieu veut régner dans nos cœurs; abandonnons notre cœur à Dieu, afin qu'il y règne seul ; c'est ainsi qu'a fait saint Julien, ainsi qu'ont fait tous les saints. Semblables à ces jeunes plantes qui se couvrent de leurs plus belles fleurs alors qu'une sève plus jeune circule dans leurs tiges ; c'est aussi dans la première floraison de leur jeunesse que les Saints aimaient à parer leur cœur de toutes les vertus.

« Avec la sagesse me sont venues » toutes les autres vertus », dit Salomon ; il dut arriver quelque chose de pareil à saint Julien ; aussi, dès sa première jeunesse nous apparaît-il orné de toutes les vertus, et capable de tout faire pour Dieu. Rien ne lui coûtera ; pour le seul amour de Jésus-Christ, il accomplira sacrifice sur sacrifice. En le voyant marcher avec cette ardeur dans le chemin de le perfection, naturellement on se prend à penser à Notre-Seigneur Jésus-Christ, ce modèle de toute sainteté, que l'Ecriture sainte, dans son langage hardi et imagé, compare à un géant, tant les proportions de sa sainteté sont grandes, tant sont rapides les progrès qu'il y fait : *Exultavit ut gigas.*

CHAPITRE V.

Premier sacrifice et premier triomphe de saint Julien; il pratique le renoncement à soi-même.

Saint Julien pratiqua dans sa jeunesse toutes les vertus, mais savez-vous comment il les pratiqua? Ce fut en se faisant à lui-même une guerre de tous les jours. Nous sommes à nous-même notre plus grand ennemi, et c'est à se combattre soi-même que consiste la vie chrétienne. Ce renoncement à soi-même est tellement indispensable, que Notre-Seigneur ne cesse, dans l'Evangile, de nous le recommander. C'est Notre-Seigneur qui a dit, dans son Evangile, que : « Si on » veut sauver son ame, il faut la détes- » ter », c'est-à-dire combattre ses mauvais penchants; c'est encore Notre-Sei- gneur qui nous a dit que « Si on veut le » suivre, il faut se renoncer ». Saint Paul, instruit par l'esprit de Dieu, nous enseigne la même chose en des termes aussi énergiques, quand il annonce que, pour plaire à Dieu, il faut que nous vivions dans un continuel état d'immolation. — *Hostiam viventem.* Et ce grand saint ne pratiquait-il pas lui-même ce qu'il enseignait, quand il nous apprend qu'il faisait une guerre acharnée à son corps, et que ce n'est que par ce moyen qu'il a pu échapper à la réprobation? N'est-ce pas saint Paul qui nous apprend encore qu'il crucifiait sa chair? N'est-ce pas lui qui trouvait le secret de mourir chaque jour pour son Dieu, c'est-à-dire de se mortifier et de faire pénitence? *Quotidie morior.* Cette belle doctrine du renoncement à soi-même, si salutaire à l'âme et si contraire à la nature, cette doctrine qui a été celle de tous les saints et surtout celle de l'illustre sainte Thérèse, saint Julien l'avait comprise et il la pratiqua tous les jours. Tous les jours, il s'appliqua à détruire en lui cette nature rebelle que nous trouvons en nous et qui a été viciée par le péché de nos premiers parents ; tous les jours il s'appliqua à écraser ces révoltes de notre concupiscence, qui nous portent sans cesse au mal. Saint Julien pratiqua si bien ce renoncement à sa volonté et à ses inclinations, il sut si bien mourir à lui-même, qu'il aurait pu dire de lui-même ce que saint Paul osait si bien dire de lui : « qu'il ne vivait plus de sa » propre vie, mais que c'était Jésus-» Christ qui vivait en lui ». *Vivo jam non ego, vivit vero in me Christus.*

Cette guerre faite à soi-même, cette guerre faite à ses penchants doit paraître étrange à certains chrétiens pusillanimes qui ne pensent qu'à flatter leur corps, et qui ont horreur de la pénitence ; mais ces chrétiens ne pensent pas que ce n'est que par la pénitence qu'on arrive au ciel. A bien considérer les choses, ce n'est pas notre corps que nous devons flatter, mais notre âme qu'il nous faut cultiver et sauver ; notre corps n'est rien, et notre âme est tout. Notre âme est faite à l'image de Dieu, et notre corps abandonné à lui-même, n'est qu'une poussière inerte ; notre âme est immortelle et ne saurait périr, et notre corps, pour si grands que soient ses charmes, est destiné à tomber en pourriture. Quand vient pour nous, dans ce monde, l'heure de la mort, notre âme, qui est esprit, va se présenter à Dieu; après cela, si elle est jugée digne du ciel, elle sera associée aux anges et aux saints, et elle pourra vraiment leur dire : Vous êtes mes frères et mes sœurs; le corps, au contraire, descendra dans la terre; là il se résoudra en une boue infecte, sur laquelle s'acharneront des nuées de vers, et il sera obligé de s'appliquer ces paroles du Saint-Esprit, écrasantes de vérité : « *Putredini* » *dixi : Pater meus es; mater mea et* » *soror mea, vermibus.* — J'ai dit à la » pourriture et à la corruption : je n'ai » pas d'autre père, d'autre mère et d'au- » tre sœur que vous ».

Qui pourrait, en lisant ces paroles, ne pas admirer saint Julien d'avoir mortifié son corps, et d'avoir sauvé son âme?

CHAPITRE VI.

Deuxième sacrifice, et deuxième triomphe de saint
Julien ; il méprise les richesses.

Saint Julien , en venant au monde ,
s'était vu entouré de tous les prestiges de
la fortune, mais ils ne furent point capables
de tenter son grand cœur. Il comprit de
bonne heure qu'un cœur qui est fait pour
Dieu, ne doit point se laisser remplir et ab-
sorber par des choses périssables et de peu
de durée. Et puis, comment aurait-il pu
mettre son affection dans les richesses de
ce monde , alors qu'il avait appris de
l'Evangile que le Fils de Dieu fait homme pour nous n'en avait pas voulu ? Ne
savait-il pas qu'une étable avait suffi à
celui qui régnait dans le ciel ; et devant
un exemple venu de si haut, pouvait-il
permettre aux biens périssables de ce
monde de régner sur son cœur? Ne savait-il pas que Notre-Seigneur avait mis
au nombre de ses huit béatitudes la pauvreté volontaire , le détachement absolu

de notre esprit des biens de ce monde, chose si rare de nos jours et qui serait plus commune si le siècle comprenait ses véritables intérêts, puisque c'est à ce détachement et à cette pauvreté volontaire que Notre-Seigneur a promis la richesse suprême, c'est-à-dire le royaume des cieux; — *beati pauperes spiritu, quoniam ipsorum est regnum cœlorum.* Saint Julien savait encore avec saint Paul que ce monde passe et s'évanouit comme une ombre; et comme saint Paul, il usa des biens de ce monde sans y attacher son cœur; il usa des biens de ce monde avec ce sage discernement qui porte tous les saints à les donner aux pauvres, afin d'en trouver la récompense au ciel.

Nous croyons que ce n'est pas sans une secrète permission de Dieu que saint Julien se vit entouré des séductions d'une grande fortune. Dieu voulait nous ménager dans ce jeune homme un exemple bien grand de ce que peut la grâce sur le cœur d'un chrétien quand il se laisse conduire par elle.

Il est dit dans l'Evangile qu'un jeune homme alla un jour trouver Notre-Seigneur. Désireux de recevoir de ce divin Maître un plan de conduite auquel il pût subordonner ses actions, il lui demanda ce qu'il avait à faire pour aller au ciel? Et Notre-Seigneur de lui répondre que pour aller au ciel il lui fallait garder tous les commandements. Dès ma plus tendre jeunesse, ajoute le jeune homme, j'ai gardé tous les commandements, ne me reste-t-il plus rien à faire? Il vous reste encore une chose à faire, dit Notre-Seigneur, c'est de vendre tout ce que vous avez, d'en donner l'argent aux pauvres et de me suivre. Et en entendant ces paroles, ce jeune homme qui ne se sentait pas au cœur l'héroïsme que Notre-Seigneur lui commandait, devint triste et s'en alla. En lisant ce trait, cher lecteur, il vous arrivera de plaindre sincèrement ce jeune homme; vous regretterez qu'il n'ait point suivi Notre-Seigneur, qui, peut-être, avait des vues particulières sur lui, vous condamnerez son aveuglement, et vous aurez raison; mais, si vous condamnez ce jeune homme, réservez toute votre admiration pour saint Julien. Comme le jeune homme de l'Evangile, il gardait lui aussi tous les commandements, et cependant, lorsqu'il entend Dieu lui dire au fond du cœur : « Quitte » les richesses que tu possèdes, et me » suis », il quitte tout et suit Notre-Seigneur.

CHAPITRE VII.

3e Sacrifice et 3e Triomphe de saint Julien ; il quitte les siens.

Quitter les siens, abandonner sa famille, une pareille résolution va paraître étrange à quelques personnes ; — appeler cela un triomphe, va paraître une amère dérision. Eh bien ! je n'hésite pas à le répéter, oui c'est un vrai triomphe pour saint Julien, c'est une chose glorieuse pour lui d'avoir quitté les siens. Sans doute, abandonner sa famille pour un motif frivole, l'abandonner comme l'enfant prodigue, pour vivre au gré de ses passions, loin de l'autorité paternelle, c'est toujours une chose coupable; mais abandonner ses parents pour trouver Dieu, c'est de l'héroïsme, c'est de la grandeur d'âme, c'est le sublime du dévouement.

Saint Julien, en quittant sa famille, sur l'ordre secret de Dieu, pensait à une chose, à laquelle nous ne pensons pas assez, c'est que Dieu est notre maître et qu'il peut disposer de nous. Saint Julien savait qu'avant d'appartenir à ses parents il appartenait à Dieu; que Dieu conserve toujours son entier domaine sur nos cœurs, et que quand il commande, il faut obéir. N'est-ce pas Dieu qui nous a donné à nos parents, n'est-ce pas lui qui a formé ces liens de famille qui unissent d'une manière si intime le cœur des enfants au cœur du père et de la mère? S'il plaît à Dieu de rompre ces liens, pourquoi lui en voudrait-on? Dieu commanda autrefois à Abraham de quitter sa famille et sa patrie, est-ce qu'Abraham n'obéit pas aveuglément à Dieu? Et Notre Seigneur Jésus-Christ n'a-t-il pas quitté le ciel et Dieu son père pour venir jusqu'à nous ? Devant cette charité suréminente du Sauveur, devant cette charité qui nous étonne et nous confond, par sa profondeur, par sa hauteur, par son étendue, par son immensité, comme disait saint Paul, qui oserait en vouloir à saint Julien d'avoir tout quitté pour son Dieu ? Notre Seigneur n'avait rien à gagner à quitter le ciel, quand il s'abaissa jusqu'à nous ; il se suffisait à lui-même, mais nous au contraire, quand nous faisons quelque sacrifice à Dieu, n'avons-nous pas la sûre espérance d'être récompensés au-delà de ce que nous faisons? Notre Seigneur, dans son Evangile, n'a-t-il pas dit que « Si quelqu'un venait à quitter pour lui son père ou sa mère, son frère ou sa sœur, il lui rendrait au centuple? » Saint Julien avait entendu dans son cœur ces paroles de Notre-Seigneur, il les avait méditées, et quand la grâce vient à lui, et quand Dieu l'appelle, il n'hésite plus, il quitte tout pour suivre Dieu.

Ne croyez pas, cher lecteur, qu'il n'en coutât rien à saint Julien de quitter

sa famille. Ah bien sûr ! que son cœur
dut se déchirer devant cette séparation
que Dieu commandait. Le cœur des saints,
est fait comme le nôtre. Quand Dieu
commanda à Abraham de lui immoler
son fils, il se soumit, il est vrai, à la
volonté de Dieu, mais son cœur pater-
nel n'en fut pas moins ému. Quand la
sante Vierge vit son fils expirer sur la
croix, sa douleur fut si grande, que son
cœur en fut transpercé comme d'un glaive.
Et Notre-Seigneur lui-même, voyez,
comme son cœur était sensible et bon!
Un jour, il pensa aux maux que va attirer
sur Jérusalem sa coupable obstination, et
il pleura sur elle. Un autre jour, il va
au tombeau de Lazare, et l'émotion le
gagne, et il pleure encore. L'amour de
Dieu n'affaiblit point dans le cœur des
saints la vivacité de leurs affections,
mais il les épure et les agrandit.

CHAPITRE VIII.

Saint Julien se fait soldat.

Saint Julien en quittant ses parents,

se fit soldat ; une pareille détermination de la part d'un saint a droit de nous étonner ; mais au temps où vivait le saint, c'était une chose ordinaire que de rencontrer des saints sous l'armure militaire. La vie rude du soldat, les privations qui accompagnent cette vie, le dévoûment qu'elle suppose, tout cela est du goût des âmes généreuses, et devait par conséquent convenir à saint Julien qui avait une âme forte et au-dessus de tous les sacrifices. Et puis faut-il le dire ? lorsque saint Julien se fit soldat, le monde entier était plein de la mort héroïque de la légion Thébaine, et l'immense retentissement qu'eut dans le monde entier le courage de ces héros chrétiens, était bien capable d'influer sur les âmes généreuses.

C'était en l'année **297**, sept ans avant le martyre de saint Julien, que cette légion qui comptait plus de six mille chrétiens, avait été entièrement détruite, sur l'ordre impie de Maximien. Cette légion qui avait été levée en Orient, avait été cantonnée près du petit bourg d'Agaune,

dans les Alpes; elle était commandée par les généreux Maurice, Exupère et Candide. Un jour l'empereur Maximien donne l'ordre à cette légion de persécuter les chrétiens, et voilà que cette légion en masse se refuse à exécuter cet ordre sanguinaire. « Nous sommes venus, di-
» sent-ils, avec une noble fierté, pour
» combattre les ennemis de l'empire;
» s'il s'agit de défendre les frontières
» contre un ennemi quelconque, on nous
» verra tous mourir jusqu'au dernier,
» mais jamais on ne nous verra persécu-
» ter les chrétiens qui sont nos freres. »
Cette noble réponse qui aurait dû toucher le cœur du tyran, ne fit que l'irriter. Sur le champ, et pour réduire ce qu'il appelait des sujets rebelles, il donne l'ordre de décimer cette belle légion, mais cette cruelle boucherie n'eut aucun résultat; les soldats Thébains répondirent encore que jamais ils ne souilleraient leurs mains dans le sang des chrétiens. Incontinent un second massacre de chrétiens est ordonné, mais sans succès encore. De guerre lasse et vaincu par la constance

de ces généreux chrétiens, le cruel empereur ordonne la destruction totale de cette légion, et alors, chose digne d'admiration, on vit cette légion de chrétiens mettre bas les armes, et se laisser égorger jusqu'au dernier, sans proférer la moindre plainte, tant ils étaient contents de mourir pour Jésus-Christ.

Ce martyre de six mille hommes nous ravit encore d'admiration, à seize siècles de distance; mais si notre admiration est si grande aujourd'hui, quelle explosion d'enthousiasme ne dut-il pas alors exciter dans le monde entier ? Un événement si glorieux pour l'Eglise dut faire battre tous les cœurs chrétiens. Nécessairement saint Julien qui était alors dans toute la vigueur de l'âge, et qui n'était séparé que de quelques lieues du théâtre de ce glorieux événement, dut se sentir remué par tant d'héroïsme, et j'aime à croire que ce fut là ce qui décida son grand cœur, avide de mourir pour Dieu, à se faire soldat.

C'était par milliers que se comptaient les soldats chrétiens dans les légions, et plusieurs avaient la gloire d'y mourir martyrs. Nous venons de nommer la légion Thébaine ; nous pourrions nommer encore le tribun Ferréol, qui fut l'ami de saint Julien. Qui n'a aussi entendu parler de l'invincible saint Victor, qui illustra par son admirable constance l'église de Marseille? Avec saint Victor, nous voyons périr également, pour recevoir une même couronne dans le ciel, les saints soldats Longin, Félicien et Alexandre. Je n'en finirais pas, si je voulais citer tous les généreux martyrs que les légions des Gaules fournirent à l'église. La profession des armes qui, en d'autres temps, est bien souvent une occasion de désordres, était dans ces temps reculés, pour un grand nombre de saints, un apprentissage de bien des vertus. Il n'était pas rare d'y rencontrer des chrétiens s'encourageant à aimer Dieu ; le lecteur n'a qu'à nous suivre dans notre récit pour se convaincre de cette vérité.

CHAPITRE IX.

Saint Julien se lie d'amitié avec saint Ferréol.

La Providence prend un soin tout particulier des siens, et cette parole de l'Ecriture que « Dieu ne perd pas de vue les âmes justes, » se vérifie de tout point dans la vie de notre Saint. Il s'était fait soldat; que va-t-il devenir au milieu des camps, au sein d'une multitude vouée en grande partie au culte des idôles et qui ne connaît la religion de Jésus-Christ que pour la maudire? Que va devenir sa vertu, au milieu des désordres dont il sera habituellement le témoin ? Rassurons-nous, Dieu prendra soin de lui. De même que Dieu avait envoyé un ange à Tobie pour le préserver de tout danger, dans un voyage lointain et périlleux, de même, il envoya à saint Julien, pour préserver sa vertu de la séduction des mauvais exemples, non plus un ange du ciel, mais un ange de la terre, l'illustre saint Ferréol. Ce saint appartenait à une famille de naissance distinguée; de bonne heure il avait compris l'attrait puissant de la vertu ; aussi foulant aux pieds les vaines jouissances de ce monde, il s'était appliqué à plaire à Dieu. Comme saint Julien , il avait suivi la carrière des armes , mais son esprit supérieur l'avait appelé aux premiers grades , et quand saint Julien prit du service dans les légions, il remplissait l'office de tribun. Ces deux saints étaient faits l'un pour l'autre; aussi ne tardèrent-ils pas à se connaître, et une étroite amitié vint unir leurs cœurs. Ils furent unis l'un à l'autre, comme Jonathas était uni à David, et d'eux aussi , il fut vrai de dire que leurs deux cœurs ne semblaient plus en faire qu'un, tant l'alliance de leur âme était étroite et intime ; les sentiments de l'un étaient les sentiments de l'autre. Leurs pensées étaient les mêmes, ils ne pensaient qu'à aimer Dieu , ils n'avaient qu'un seul et même désir, celui de servir Dieu. Sous l'égide de cette puissante et sainte amitié, les deux saints embaumèrent la ville de Vienne de leurs bonnes œuvres. Il me semble que tout le temps qu'ils ne donnaient pas aux rudes exigences du service des armes, ils devaient le consacrer à confirmer leurs frères dans la foi, et à les enflammer d'une grande charité pour Dieu. La véritable charité est prodigue d'elle-même, c'est là son caractère propre, c'est là le trait distinctif qui devait servir à faire reconnaître les deux saints amis. On devait les voir partout où il y avait quelque bien à faire, quelque conseil à donner ; Dieu seul doit avoir le secret de leurs bonnes œuvres, et le démon aussi par les défaites qu'il a essuyées, et par les âmes qui sans doute lui ont été ravies, pourrait nous dire quelle fut la puissance de leur vertu.

C'est dans l'exercice des saintes œuvres, c'est en s'édifiant et en s'encourageant à la vertu qu'ils traversèrent des jours bien difficiles. Par la manière dont ils supportèrent plus tard les épreuves auxquelles ils furent soumis, on peut se faire une idée du secours que leur prêta leur inviolable et sainte amitié. Rien n'est puissant comme le cœur d'un ami ; aussi le Saint-Esprit nous a-t-il dit que rien ne peut être comparé à un ami fidèle, et que tous les trésors du monde ne peuvent entrer en comparaison avec lui. Et par cet ami fidèle dont il est question ici, nous entendons parler, non point de ces amis comme il y en a tant dans le monde, qui ne flattent que notre amour propre, et ne caressent que nos vices ; mais un ami sage, prudent et zélé. S'appuyer sur un ami qui n'est pas selon le cœur de Dieu, c'est s'appuyer sur un bras de chair, c'est baser toute notre confiance sur la fragilité d'un roseau.

Il n'est pas rare, dans la saison d'été, de voir troubler la sécurité d'un beau jour, par un orage soudain et imprévu ; ainsi fut troublée l'intimité des deux saints. Saint Julien et saint Ferréol continuaient à s'édifier, quand ils furent avertis qu'une persécution violente allait fondre sur Vienne. Une persécution n'avait rien qui pût effrayer leur cœur ; cependant saint Ferréol, avec cette prudence qui lui était particulière, se prit à calculer les conséquences probables que cette persécution entraînerait , et après avoir mûrement réfléchi , il se disposa à soustraire saint Julien aux violences qui se préparaient. Saint Julien nourrissait pour le martyre un désir des plus violents; comment saint Ferréol arriva-t il à lui persuader qu'il fallait quitter Vienne , et fuir la persécution, Dieu seul le sait. Il dut sembler à saint Julien que Dieu lui parlait, quand son ami lui ouvrait son cœur ; aussi se laissa-t-il gagner à ses prières, et l'heure de la séparation fut arrêtée entr'eux.

CHAPITRE X.

Saint Julien arrive à Brioude ; il y trouve la mort.

Que la séparation des deux saints dut être déchirante ! Saint Julien dut éprouver une peine immense de se séparer d'un ami dont les conseils lui avaient été d'un si grand secours; et saint Ferréol dut se sentir également brisé de douleur en se séparant d'un saint qui, plus d'une fois, l'avait édifié par l'expression si vive de sa grande foi. Je ne sais si, par ce temps de persécutions, ils ne durent pas avoir un secret pressentiment de leur prochain martyre; si une pensée pareille leur vint alors à l'esprit, leurs derniers adieux durent emprunter quelque chose de bien touchant à une circonstance aussi attendrissante. Enfin, saint Julien s'arrache des bras de saint Ferréol, et, plein de confiance dans les prières d'un ami dont le secours ne saurait lui manquer, il quitte Vienne et il prend le chemin si rude de l'exil.

Ce voyage du Saint, fuyant la haine de ses persécuteurs, est plein d'analogies frappantes avec cet autre voyage de Notre-Seigneur, fuyant la colère du roi Hérode. C'était sur l'avis qu'en avait donné un ange que Notre-Seigneur avait pris la route de l'exil; c'est sur les sages instances d'un ange terrestre, de saint Ferréol, que saint Julien se condamne aussi à l'exil. Notre-Seigneur, en quittant Bethléem, s'en allait dans un pays étranger, il ne savait quel accueil lui serait fait; les mêmes incertitudes se présentent à saint Julien dès les premiers pas qu'il fait. Notre-Seigneur n'échappa aux dangers de ce voyage que pour mourir, trente-trois ans plus tard, au bout de cette voie douloureuse de sa passion ; saint Julien, au contraire, ne rentra plus dans son pays ; il trouva la mort à Brioude.

Quand saint Julien eut quitté Vienne, une persécution horrible commença à sévir contre les chrétiens. Sans doute que la vertu du saint avait laissé de profondes traces dans cette ville, car il semble que sa disparition ait été de suite remarquée. De suite, les ordres les plus sévères furent donnés pour s'emparer de lui ; et la haine qu'on lui porte est si grande, que de tous côtés des satellites sont mis en campagne pour le mettre à mort. Saint Julien était à peine arrivé à Brioude que ses persécuteurs y arrivent aussi. Il ignorait le danger auquel il était exposé, et voilà que Dieu se révèle à lui, et lui fait connaître le péril où il se trouve. Que fera-t-il ? Fuira-t-il encore la mort ? Il semble que saint Julien

ait voulu se décider à prendre ce dernier parti, car il alla se cacher chez une pauvre femme restée veuve, et qui fut heureuse de lui prêter l'hospitalité. Notre sagesse humaine semble déjà satisfaite de ce secours inespéré que trouve saint Julien ; mais dans le ciel Dieu se prépare à l'associer à la gloire des Martyrs. Dieu qui est content des mérites de saint Julien, lui met au cœur un courage surhumain, et voilà que tout d'un coup saint Julien se précipite au milieu de ses ennemis, les frappant d'étonnement par son assurance héroïque. « Vous voulez ma
» vie, la voilà, dit-il, hâtez-vous de me
» l'ôter ; je brûle du désir d'être uni à
» mon Dieu ; brisez les derniers liens
» qui m'attachent à la terre et qui me
» séparent encore de lui ». Tant de courage en face de la mort aurait dû désarmer ses bourreaux ; mais il n'en fut rien, et saint Julien fut égorgé, et sa tête, détachée avec violence de son corps, alla rougir la terre de son sang. C'est au 28 août de l'an 304 que l'Eglise place ce martyre.

On demeure saisi d'une admiration profonde devant une mort si sublime. Rien ne nous paraît aussi beau qu'un pareil trépas ; on admire le soldat qui se fait tuer sur le champ de bataille, et j'avoue que ce n'est pas sans raison ; mais, si admirable que cela soit, il est toujours vrai de dire qu'en tombant, le soldat emporte la consolation d'avoir vengé sa mort ; mais que dire du généreux martyr qui se laisse égorger sans songer à se défendre. Ah ! si la mort d'un soldat est celle d'un héros, quel nom alors donner à l'héroïsme du martyr?

CHAPITRE XI.

Ce que devint le corps de saint Julien.

Quand saint Julien fut tombé, quand ses ennemis virent à leurs pieds ce héros chrétien, ils prirent sa tête et allèrent la porter toute ruisselante de sang à une fontaine voisine pour l'y laver. En plongeant à plusieurs fois la tête du saint dans les eaux abondantes de cette fontaine, ils croyaient ne faire qu'une chose indifférente ; mais, sans s'en douter, ils communiquèrent à cette eau une vertu salutaire et bienfaisante. De même que Notre-Seigneur, en recevant dans les eaux du Jourdain le baptème de saint Jean, communiqua à l'eau une vertu salutaire, de même, au contact du sang glorieux du martyr, cette source devint capable d'opérer de salutaires effets. L'ombre de saint Pierre, disent les Actes des Apôtres, avait la vertu d'opérer des prodiges; rien d'étonnant alors si le sang d'un martyr obtient les mêmes faveurs.

La tête du glorieux martyr, après avoir été lavée dans la fontaine, fut portée à Vienne et présentée à saint Ferréol. On ne sait si cette tête lui fut présentée comme une menace et comme une annonce de sa fin prochaine, mais ce que nous pouvons dire, c'est que la précieuse relique dut être accueillie par le tribun avec des larmes de reconnaissance et d'orgueil. Désormais, il n'en pouvait plus douter, son ami était au ciel.

Il me semble que devant le chef vénéré

de son ami, saint Ferréol dut souhaiter plus ardemment de quitter ce monde ; sans doute que saint Julien dut joindre ses prières à celles de son ami ; aussi, voyez ce qui arriva, c'est que saint Ferréol fut arrêté, quelques jours après il fut martyrisé, et le 18 septembre de la même année, vingt jours après le martyre de saint Julien, son âme alla rejoindre au ciel l'âme de son ami.

En présence de ces deux morts presque simultanées, en présence de ce double triomphe, on est porté à s'écrier avec l'Eglise, dans un élan de reconnaissance et d'admiration : « Voilà bien là deux « saints qui, pour l'amour de Jésus- « Christ, méprisèrent les menaces des « hommes ; ces saints martyrs se ré- « jouissent dans le ciel avec les anges. « Oh ! qu'elle est précieuse la mort des « saints qui, jour et nuit devant Dieu, « ne peuvent plus être séparés ». *Isti sunt sancti qui pro Christi amore minas hominum contempserunt : sancti martyres in regno cœlorum exultant cùm angelis ; ô quàm pretiosa est mors sanctorum, qui assidue assistunt ante Dominum, et ab invicem non sunt separati.*

Le corps de saint Ferréol fut secrètement enseveli par les chrétiens de Vienne; mais, soit que l'on connût l'étroite amitié qui le liait à saint Julien, soit que ce fût par la volonté de Dieu, la tête de saint Julien fut mise dans un même tombeau avec le corps du généreux tribun. Nous croyons que ce fut par la permission de Dieu que cela arriva, car Dieu qui n'oublie jamais les siens, voulait ménager à nos deux martyrs une commune glorification. C'est à l'occasion de la translation des reliques de saint Ferréol, qui se fit au VIe siècle, c'est-à-dire plus de deux cents après son martyre, que Dieu manifesta la gloire des deux saints. Saint Mamert, évêque de Vienne, avait jugé à propos de construire une insigne basilique en l'honneur de saint Ferréol, et d'y transporter ses restes précieux. Quand le jour de la translation fut arrivé, le clergé, en grand nombre se transporta à l'endroit où l'on savait qu'était le tombeau du saint; la terre fut creusée à une grande profondeur; mais, quel ne fut pas l'étonnement de tous , quand, au lieu de trouver le tombeau du saint qu'ils croyaient être seul , ils en avisent trois. Leur embarras était visible, ils ne savaient lequel des trois renfermait le corps de saint Ferréol. Tandis qu'ils hésitaient, incertains sur le parti qu'ils prendraient , voilà qu'un des assistants, inspiré du ciel, prend la parole . « S'il « vous en souvient, dit-il, nous avons « tous appris des anciens que le corps « de saint Ferréol avait été mis dans un « même tombeau avec la tête de saint « Julien; or, les choses étant ainsi, qui « nous empêche de reconnaître à ce si-« gne le corps de notre saint? »

Cet avis reçoit l'approbation de l'assistance entière ; on se met à genoux, et après une fervente prière, on ouvre les trois tombeaux. Les deux premiers qui sont ouverts ne présentent aux regards avides qu'un corps chacun; on ouvre le troisième, et voilà qu'apparaît aux yeux de tous le corps d'un beau jeune-hom-

me, sans corruption aucune, revêtu de
ses habits intacts, et pressant une tête
dans ses bras; on aurait dit en le voyant
qu'il venait d'être enseveli; la pâleur de
son visage n'avait pas changé; ses
cheveux étaient les mêmes, son corps
n'avait subi aucune altération; il paraissait plutôt endormi que mort. En voyant
ce beau miracle, par lequel Dieu mani-
festait son amour pour les deux saints,
le pieux évêque est au comble de la
joie : « C'est bien là, s'écrie-t-il, le corps
« de saint Ferréol; c'est bien là la tête
« vénérée de saint Julien ». Et au milieu
des plus grandes manifestations de la joie
populaire, on transporta les saintes reliques à la nouvelle basilique.

Pendant que le chef glorieux de saint
Julien était l'occasion de grands miracles
dans la ville de Vienne, son corps, qui
était resté à Brioude, obtenait de Dieu
d'insignes faveurs. Le corps du saint ne
resta pas sans sépulture; à peine était-il
tombé sous les coups de ses ennemis,
qu'il fut relevé et honorablement enseveli. On a gardé les noms des deux saints

personnages qui prirent soin du corps de
saint Julien : ce furent les saints Arconte
et Ilpide, dont on conservait les précieu-
ses reliques dans la même ville de Brioude. Ces deux saints hommes croyaient
ne faire qu'un acte de charité en enseve-
lissant le corps de saint Julien ; mais
cette œuvre fut si agréable à Dieu, qu'elle
fut l'occasion d'un grand miracle. Saint
Grégoire de Tours rapporte que ces deux
hommes, qui étaient dans un âge avancé,
semblèrent revenir à un âge plus jeune.
Par une permission de ce Dieu puissant,
qui suspend, quand il veut, les lois de la
nature, qui arrête le soleil à son gré, un
sang tout nouveau circula dans les membres de ces deux vieillards; toute trace de
vieillesse disparut, de telle sorte qu'ils
semblaient aux yeux de tous avoir re-
couvré l'ardeur et les grâces de la première jeunesse.

Par ces miracles dont Dieu entoura
les diverses reliques de saint Julien, Dieu
voulait signaler ses mérites aux yeux des
peuples ; nous verrons dans le chapitre
suivant que saint Julien fut honoré dans

le monde entier à l'égal des plus grands saints.

CHAPITRE XII.

Honneurs rendus par les peuples à saint Julien.

Aucun saint, dans notre Église de France, ne semble avoir été en aussi grande vénération que saint Julien. Dieu signala son tombeau par tant de miracles, qu'il devint le but d'une pieuse dévotion. Un oratoire fut d'abord élevé sur son tombeau ; mais la piété des fidèles, excitée par les miracles continuels qui s'y faisaient, trouva l'oratoire trop modeste, et le remplaça par une insigne basilique qui se voit encore aujourd'hui, et qui fut dotée de biens immenses. Le peuple et les grands, les riches et les pauvres, tous aimaient à visiter le sanctuaire de Brioude et à l'entourer de leur respect. Le roi Théodoric ayant eu occasion de porter la guerre dans cette partie de la France, défendit, par vénération pour le saint, de s'approcher des terres qui avoisinaient le sanctuaire. Saint Grégoire de Tours, le père de notre Histoire nationale et religieuse, nous raconte dans ses écrits combien était grande l'affluence des pélerins qui se rendaient au tombeau du saint ; elle était parfois si grande, qu'il fallait attendre plusieurs jours avant de pouvoir en approcher. Le même saint Grégoire se fait gloire, dans ces mêmes écrits, de la dévotion particulière qu'il avait pour le saint ; une fois par an, lui et tous les membres de sa famille allaient à Brioude se prosterner devant ses reliques, et il nous assure en avoir obtenu des faveurs toutes spéciales. Sa dévotion pour saint Julien était si connue, que ceux qui ont écrit sur saint Grégoire, comme Fortunat et Pierre de Poitiers, en ont fait comme le trait caractéristique de sa vie.

La dévotion au saint était si universelle, qu'on se recommandait à lui de tous côtés ; cette dévotion était en aussi grand renom que celle de saint Médard, et que celle de saint Martin de Tours. Le démon lui-même rendait témoignage à la puissance du saint. Il arriva plusieurs fois que de malheureux possédés furent délivrés de l'esprit impur par la puissance de son intercession, et le démon, en quittant les malheureuses victimes de ses obsessions, ne manquait pas de proclamer, malgré lui, la puissance de saint Julien. Une fois entr'autres, comme on transportait à Rheims, dans un sanctuaire qu'on lui avait élevé, des reliques du saint martyr, et qu'on passait devant un champ où plusieurs laboureurs étaient à travailler ensemble, voilà que l'un d'eux, quittant sa charrue, se met à crier de toutes ses forces, et sans que rien semblât l'en avertir, que saint Julien arrivait, qu'il le voyait, et qu'il sentait sa présence. Et comme les autres laboureurs étaient à se demander ce qu'il voulait dire, tout aussitôt ils le voient quitter ses bœufs, se rouler à terre, grincer des dents, et se précipiter impétueusement jusqu'aux reliques du saint qu'on portait, lui demandant compte des tourments qu'il endure, et lui reprochant d'avoir quitté Brioude. Quand on fut arrivé à l'endroit où devaient reposer les reliques, on ne fit que les approcher de cet homme furieux, et ce malheureux, qui était possédé, vomit aussitôt des torrents de sang, et fut délivré du démon.

Ce n'était pas seulement de Rheims, mais c'était de tous les points du monde qu'on réclamait des reliques du martyr. Paris voulut avoir son sanctuaire pour honorer le saint; Tours prétendit au même honneur, et Toulouse imita ce noble exemple; enfin, au rapport de saint Grégoire, des reliques furent même portées en Orient, où leur présence fut signalée par d'éclatants miracles.

Et ce n'était pas les grandes villes seules qui avaient le privilége d'honorer saint Julien; par une émulation bien digne de louanges, on vit aussi les campagnes se montrer jalouses de contribuer à sa gloire; on vit dans le fond des vallées les plus retirées, comme sur le haut des collines, s'élever de nombreux sanctuaires consacrés à la mémoire du saint; on vit encore de petites villes et de modestes bourgades se décorer du nom de saint Julien, tant ce nom béni paraissait être une égide et une sauvegarde pour les populations pieuses. Ce nom de Saint-Julien, donné à des villes et à des hameaux, devint si général, qu'aujourd'hui même on ne saurait faire deux pas dans notre France sans en avoir la preuve. Que prouve cette confiance universelle des peuples, sinon que Dieu, par les prodiges qu'il lui a accordés, a glorifié saint Julien, et que devant ces témoignages de Dieu, les peuples n'ont pas hésité à l'invoquer et à proclamer sa grandeur. Et ce qu'il y a d'étonnant, c'est que cette dévotion à saint Julien se maintient toujours dans le cœur des peuples aussi forte que jamais. Tout périt dans ce monde; seule la dévotion au saint martyr survit dans le cœur des générations, aux ruines que le temps fait autour de nous. Voulez-vous une preuve de ce nous avançons? Chaque année, au 28 août, jour aniversaire de la mort héroïque de saint Julien, allez visiter le sanctuaire de ce nom, élevé par nos pères sur une de ces belles collines qui s'étagent au-dessus de Gaillac-Toulza, et votre piété sera agréablement surprise du spectacle édifiant qui ne manquera pas de s'offrir à vos regards. Déjà, dès la veille de la fête, vous verrez à tous les points de l'horizon les chemins qui mènent au sanctuaire remplis par les flots pressés de nombreux pélerins ; vous en verrez de tout âge et de tout sexe, de tout rang et de toute condition.

Quand le soir sera venu, suivez la procession qui sort de l'église, et votre cœur sera encore satisfait. Votre cœur sera édifié du recueillement qui régnera au sein de cette foule pieuse, composée d'étrangers, dont les lignes serrées se prolongent si loin. A part le chant des cantiques, on n'entend d'autre bruit que celui que fait le chapelet en s'égrenant sous la main de tant de pieux assistants. Vient un moment enfin où toute cette procession s'arrête ; elle s'arrête devant une fontaine qu'on appelle la *Fontaine sainte*. On ne sait d'où lui vient ce nom de *sainte*; on ne sait comment ce nom s'est imposé à la mémoire des générations; mais ce que nous pouvons dire, c'est que les peuples ne laissent pas surprendre leur bonne foi, et que s'ils ont consenti à donner le nom de *sainte* à cette fontaine, si simple en apparence, cet accord constant et universel de tout un peuple prouve que la vertu de saint Julien est passée par là et qu'il s'y est signalé par quelque insigne faveur.

Voulez-vous un autre spectacle d'édification ? Assistez à la messe qu'on appelle la *messe du départ*, et qui se dit aux premières lueurs du matin. Toutes ces personnes que vous voyez, en nombre si imposant, s'approcher de la Table sainte, ont passé la nuit dans l'église à prier saint Julien. Elles se sont réconciliées avec Dieu; elles ont fait une modeste offrande au Saint en baisant avec respect sa sainte relique, et maintenant qu'elles se sont nourries de ce céleste viatique, qui est Dieu, elles reprennent, joyeuses, le chemin de leurs demeures. Et à cause du départ de cette foule énorme, ne croyez pas que tout soit fini; d'autres pélerins vont prendre la place de ceux qui sont partis, les messes vont succéder aux messes, et toujours le même empressement et la même affluence se font remarquer à la Table sainte et auprès de la Sainte-Relique.

Un autre spectacle digne d'admiration, c'est la bénédiction des enfants qu'on vient offrir à saint Julien, et que l'on peut considérer comme un hommage éclatant rendu à ses vertus. Parmi ces enfants, il en est de bien malades, il en est de bien chétifs, on craint que le souffle de vie qu'ils semblent ne retenir qu'avec peine ne leur échappe ; mais, rassurez-vous, si l'année d'après vous revenez à Saint-Julien, vous retrouverez ces mêmes enfants parfaits de santé et de joie, et, en les voyant, vous ne manquerez pas, comme toutes les âmes fidèles et croyantes, de dire que saint Julien est bien grand ! Oui, saint Julien est bien grand ; interrogez les souvenirs des anciens du pays, et ils vous diront qu'ils se souviennent encore d'avoir vu leur église ornée de nombreuses béquilles ; ils vous montreront, à droite, en entrant dans l'église, l'endroit où se trouvaient appendus ces glorieux trophées de la puissance du Saint. Vint la catastrophe de 93! et cette révolution sacrilège qui ne respectait rien, fit un monceau de cendres de ces monuments miraculeux.

La tourmente révolutionnaire passée, nos pères, guidés par leur dévotion, prirent de nouveau le chemin du sanctuaire de Saint-Julien. Cette dévotion est aujourd'hui aussi belle que jamais, mais disons aussi que rien ne lui manque de ce qui peut la favoriser. L'Église, qui a toujours encouragé tout ce qui est bon et utile, tout ce qui repose sur un fondement vrai, a sans cesse enrichi de ses faveurs les plus hautes la dévotion à saint Julien. Dans ces derniers temps, l'immortel Pie IX, ce glorieux pontife, que ses malheurs et sa fermeté rendront également cher à tout cœur chrétien, confirma les priviléges et les grâces attachés de tout temps à cette dévotion, et nous croyons bien faire en mettant sous les yeux de nos lecteurs le bref apostolique adressé, en 1847, au vénérable abbé Gachen, attaché alors au service du sanctuaire.

BREF DE SA SAINTETÉ PIE IX.

« Le Très Saint Seigneur et Pontife
« de Rome, Pie IX pape, accorde, dans
« sa clémence, à tous les fidèles de l'un
« et de l'autre sexe qui, vraiment con-
« trits, pénitents et fortifiés par la sainte
« communion, visiteront l'oratoire pu-
« blic consacré à saint Julien, le jour
« de la fête fixée par l'Ordinaire, et y
« auront prié quelque temps aux inten-
« tions accoutumées, une indulgence
« plénière qui se pourra gagner depuis
« les premières vêpres jusqu'au coucher
« du soleil du jour de la fête.

« Par la présente, qui aura toujours
« son effet sans autre expédition de bref,
« est accordé encore le pouvoir d'appli-
« quer cette même indulgence aux âmes
« des fidèles défunts.

« Donné à Rome, le 27 janvier 1847,

« Le cardinal, préfet ».

Sanct. D. R. Pius P. P. IX clementer indulsit , ut omnes utriûsque sexûs Christi fideles qui vere pœnitentes, compuncti, sanctâque communione refecti , publicum, de quo in precibus, oratorium sancto Juliano, dicatum, die ipsius sancti Juliani festo, de Ordinarii licentiâ ibi celebrando, visitaverint, juxtà consuetas fines per aliquod temporis orando, plenariam indulgentiam incipiendam à primis vesperis usque ad ejusdem diei occasum consequantur.

Præsenti in perpetuum valituro, absque ullâ brevis expeditione et cum facultate eamdem indulgentiam in suffragium fidelium defunctorum, applicandi.

Datum Romæ, die 27 januarii 1847.

Card. pref.

CHAPITRE XIII.

Des miracles opérés par l'intercession de saint Julien.

Nous ne pouvons citer tous les miracles opérés par l'intercession de saint

Julien ; nous allons nous borner à en faire connaître quelques-uns.

—

Une femme de condition reçoit un jour la nouvelle que son mari, fait prisonnier à la guerre, a été condamné au dernier supplice. N'espérant plus le trouver en vie, elle part cependant pour Trèves, où son mari avait dû périr, pour donner la sépulture à son corps. En passant à Brioude, qui se trouvait sur sa route, elle entend parler des merveilles opérées par saint Julien et elle va se prosterner auprès de son tombeau pour chercher auprès du saint une consolation à ses peines. En la voyant prier avec ferveur, quelques-uns des assistants lui dirent de ne pas perdre courage, et que le saint la pourra combler de joie. Encouragée par la bienveillance de ces paroles, elle promet sur les reliques du saint martyr de lui bâtir un oratoire, si elle a le bonheur de retrouver son mari. Elle part après cette promesse; elle arrive à Trèves, et quelle n'est pas sa joie de retrouver plein de santé et plein de vie son mari qu'elle avait cru mort. Quand cette femme revint à Brioude accomplir le vœu qu'elle avait fait, elle assura elle-même que son mari avait été grâcié par l'Empereur au moment même où elle avait imploré la puissance du saint.

—

Tout près de l'oratoire que nous venons de voir élever à saint Julien, était un grand temple payen où la population idolâtre adorait Mars et Mercure. Un jour que les payens s'apprêtaient à faire brûler de l'encens en l'honneur de leurs dieux, deux jeunes gens se prirent de dispute et se ruèrent l'un sur l'autre, le glaive nu à la main. L'un d'eux se voyant en danger de perdre la vie, et n'ayant aucune confiance dans ses dieux muets et inertes, alla se réfugier dans l'oratoire du Saint. Son adversaire qui le suivait de près, trouvant les portes de l'oratoire fermées, veut se les faire ouvrir ; mais, tout d'un coup, ses mains, s'attachant à ces mêmes portes, sont saisies d'un mal si violent qu'il en rugit de douleur. Les parents du pauvre jeune-

homme, reconnaissant dans cette puni-
tion la puissance du Saint, font de nombreuses offrandes à son sanctuaire.

Sur ces entrefaites, arrive dans le pays
un saint prêtre. Instruit de ce qui se
passait, il promet aux parents, s'ils veu-
lent se convertir, de leur rendre leur
fils plein de santé. La nuit d'après, ce
même prêtre a un songe, et il lui sembla voir les statues des faux dieux comme
frappées par une puissance surnaturelle,
tomber à terre et se réduire en poudre.
Quatre jours s'étaient à peine écoulés,
que les payens de l'endroit se préparent
à offrir de nouveaux sacrifices à leurs
dieux. Navré de douleur à cette nouvelle,
le saint prêtre va se prosterner au tombeau du saint, et là, répandant son cœur
avec ses larmes, il demanda à saint Julien d'avoir pitié de ce peuple qui doit
lui être cher, et de le faire passer des
ténèbres de l'idolâtrie à la lumière de la
vraie foi. Tandis qu'il priait avec cette
ferveur, tout-à coup le ciel se couvre de
nuages menaçants; le tonnerre gronde,
des éclairs sinistres fendent la nue, et

une pluie mêlée de grêle tombe à torrents. Le pauvre peuple, effrayé de cet orage inouï, accourt à l'oratoire du saint; tous, hommes et femmes, se prosternent à genoux et implorent la miséricorde de Dieu; ils promettent même à saint Julien de se convertir et de renoncer à leurs vaines idoles, si la tempête vient à se calmer. Le saint prêtre se remet à genoux; il implore saint Julien avec tout le peuple, et tout-à-coup, l'orage perdant sa fureur, se calme et disparaît; et le jeune-homme, guéri subitement, est rendu à ses parents.

A partir de ce jour, tous les habitants de ce lieu se convertirent, et après avoir reçu le baptême, ils se firent un devoir de briser les statues de leurs faux dieux et de les jeter dans un étang voisin.

—

Un homme ayant été assez hardi pour atteler ses bœufs et labourer un dimanche, fut obligé de prendre sa cognée pour réparer sa charrue, mais aussitôt ses doigts s'étant courbés et serrés, le manche de sa cognée demeura attaché dans sa main droite. Il porta pendant deux ans cette marque visible de la colère de Dieu. Poussé par la violence du mal, il vint à l'église du saint implorer sa guérison, il assista avec foi et dévotion à l'office de nuit du dimanche, et le jour même du dimanche sa main s'ouvrant tout d'un coup, lâcha le morceau de bois qui y avait été retenu jusqu'alors, sans qu'on eût pu l'arracher. Cet homme se retira glorifiant Dieu, et bien résolu à ne plus travailler le saint jour de dimanche.

———

Un homme s'était fait prêter d'un autre une certaine chose, qu'il lui rendit quelques jours après. Un an s'était écoulé quand celui à qui la chose avait été rendue, la réclama de nouveau. Après une assez forte altercation, celui qui avait rendu l'objet prêté, prenant son adversaire à partie lui dit : « Il est inutile de nous disputer plus longtemps, faisons mieux, prenons Dieu pour juge, allons au tombeau de saint Julien ; là, vous jurerez sur ses reliques, et le saint décidera si je ne vous ai point rendu ce que vous me redemandez.» La chose est acceptée ; le mauvais prêteur entre fier dans l'église, il lève audacieusement la main pour jurer ; mais à peine l'a t-il levée, que son corps se raidissant subitement devient immobile. La parole meurt dans sa bouche, sa langue se contracte, ses lèvres se remuent encore, mais ne peuvent prononcer aucune parole, ses bras enfin qu'il avait levés pour jurer ne peuvent plus s'abaisser. Devant ce miracle, qui fit voir la profonde scélératesse de cet homme, le peuple entier, mu par un sentiment de compassion à l'égard de ce misérable, implore en sa faveur la miséricorde de Dieu et le secours du bienheureux martyr. Après être resté quatre heures dans cette immobilité, cet homme, grâce à l'intercession du saint, recouvra l'usage de ses sens, avoua son crime et se retira, remerciant saint Julien de sa guérison.

———

Un pauvre enfant dont les parents demeuraient dans le voisinage de l'église, avait été atteint, dès l'âge de deux ans,

d'un mal qui ne laissait plus aucun es-
poir de guérison. Par la force de ce mal
ses membres s'étaient tellement contrac-
tés que ses genoux lui touchaient au
menton. Ses parents, après l'avoir porté
auprès des reliques de saint Julien, s'é-
taient retirés ; mais quand ils revinrent,
ils trouvèrent leur enfant se tenant droit
sur ses pieds et tout-à-fait guéri. Après
avoir remercié Dieu de cette insigne
faveur, ils s'en revinrent chez eux com-
blés de joie.

—

Dans le temps où le diacre Urbain
était préposé à la garde de la basilique de
Saint-Julien, il arriva une chose bien
merveilleuse. Une nuit, il lui sembla
que les portes de la basilique s'ouvraient,
et un moment après il les entendit se
refermer. Comme il n'y avait que lui
qui eût les clefs de l'église, il se lève,
prend une lumière et s'approche du tombeau du saint. Quel n'est pas son étonnement de voir que le sol est tout jonché
des roses les plus brillantes ; il y en
avait immensément ; toutes exhalaient

une odeur délicieuse, elles étaient si fraîches qu'il paraissait qu'on venait de les cueillir. Ce miracle eut lieu pendant l'hiver. Ces roses, amassées avec soin, servirent plus tard à composer un breuvage qui avait la puissance de délivrer du démon les malheureux qui en étaient possédés. La ville de Tours fut témoin d'un de ces miracles.

—

Le saint abbé Irier racontait lui-même à saint Grégoire, qu'étant venu un jour à Brioude pour vénérer les reliques du saint, il avait pris un peu de cire de son tombeau et un peu d'eau de la fontaine miraculeuse, qu'il avait renfermée dans un vase. Avant d'arriver chez moi, ajouta-t-il, « je puis dire, et j'en prends Dieu à témoin, que l'eau avait pris la couleur, la consistance et l'odeur du baume le plus précieux. Plus tard, quand je bâtis mon église, je ne voulus pas mettre d'autres reliques sous l'autel que ce vase dont l'eau s'était changée en un baume si exquis. »

Un homme que la violence de la fièvre avait réduit à l'extrémité, eut le désir de boire de l'eau de la fontaine, et s'y fit porter. A peine en eut-il bu une petite quantité, et en eut-il lavé sa tête et sa figure, qu'il sentit la santé lui revenir et qu'il eut la force de s'en retourner seul chez lui, louant Dieu de ce miracle.

—

Une femme aveugle de naissance, demanda d'être portée au tombeau de saint Martin : quand elle y fut arrivée, elle alla se prosterner sur les marches qui se trouvent devant le tombeau du saint évêque, et le troisième jour elle vit en songe saint Martin lui-même lui apparaître et lui dire, que si elle voulait recouvrer la vue, il fallait qu'elle se transportât à l'église de saint Julien, qu'il unirait ses prières à celles du saint martyr, et que la puissance de leur intercession mise en commun, ils lui rendraient la vue qui lui paraissait si nécessaire. Cette femme ignorant qu'il y avait des reliques de saint Julien dans la ville de Tours, arriva jusqu'à Saintes. Il y avait dans cette ville une église dédiée à saint Julien, et qui renfermait de ses reliques : c'est donc dans cette église qu'elle alla prier pendant trois jours. Le troisième jour était le 24 juin, fête de saint Jean-Baptiste. Tandis que le peuple accouru aux offices écoutait les leçons qui s'y disaient, voilà qu'une grande rumeur remplit l'église entière. Le prêtre qui célébrait désirant rétablir l'ordre, demanda la cause de ce tumulte. Et un des assistants prenant la parole, s'écrie qu'il n'est point possible d'apaiser ce tumulte, parce que la vertu de Dieu vient de se signaler par un grand miracle. «Il y a là une femme qui était aveugle de naissance, et soudain nous avons vu le sang jaillir à flots de ses yeux, et après cela la vue lui a été rendue.» En entendant ces paroles, tous les assistants bénirent Dieu.

Je m'arrête ici, cher lecteur, je pourrais encore citer bien d'autres miracles, en suivant toujours saint Grégoire de Tours ; mais il me suffit de vous avoir

fait connaître la puissance de l'intercession de saint Julien. Puissent seulement
ces prodiges que j'ai fait passer sous vos
yeux, vous porter, vous aussi, à glo-
rifier ce grand saint et à bénir Dieu !

CANTIQUE

En l'honneur de saint Julien

POUR LE JOUR DÉ SÀ FÊTE.

Peuple chrétien, en ce beau jour de fête,
De saint Julien célébrons les grandeurs;
Disons sa vie, elle est belle et parfaite,
Et gravons bien ses vertus dans nos cœurs !

    Disons ensemble,
    A saint Julien :
    Sois notre exemple
    Et sois notre soutien   *bis*

Riche, en naissant, de tous les biens du monde,
Il méprisa leur prestige trompeur ;
C'est à Dieu seul, du bien source féconde,
Qu'il consacra son esprit et son cœur.

    Disons ensemble, etc.

.. Pour notre Dieu , Julien fit plus encore.
Sans balancer il quitta tous les siens ;
Mourir martyr pour le Dieu qu'il adore
Etait pour lui le suprême des biens.

Disons ensemble , etc.

Avant d'offrir sa vie en sacrifice ,
Conduit par Dieu , le saint se fit soldat..
Par les labeurs d'une rude milice
Il préludait à son dernier combat.

Disons ensemble , etc.

Du saint soldat , et c'est là sa louange ,
Di u prit grand soin. Ce que Dieu fait est bien.
Il lui donna pour chef et pour bon ange ,
Saint Ferréol , son ami , son soutien.

Disons ensemble , etc.

Les deux amis , brûlant du même zèle ,
Furent bientôt couronnés de vertus.
Vienne la mort ! Ils sont prêts , c'est par elle
Qu'ils entreront au séjour des élus.

Disons ensemble , etc.

Mûr pour le ciel, notre unique patrie,
Julien attend tranquillement la mort;
Il ne craint point des tyrans la furie ,
Dieu le soutient; avec Dieu l'on est fort.

Disons ensemble , etc.

Un jour il vit de nombreux satellites
Pour l'immoler le chercher en tous lieux ;
Pour un moment, mon Dieu ! vous lui permîtes
De se cacher et de fuir ces furieux.

       Disons ensemble, etc.

Bientôt pourtant, impatient du martyre,
A ses bourreaux il s'offre avec transport ;
« J'ai soif de Dieu, dit-il, et je désire
Mourir martyr, je ne crains point la mort. »

       Disons ensemble , etc.

Il avait dit : et soudain la victime
Est immolée · ainsi meurt un chrétien.
Quoi de plus beau que cette mort sublime !
Ah ! disons tous : louange à saint Julien !

       Disons ensemble , etc.

TABLE DES MATIÈRES.

Toulouse, Troyes Ouvriers Réunis, Imprimeurs-Libraires